BEI GRIN MACHT SICH IHR WISSEN BEZAHLT

- Wir veröffentlichen Ihre Hausarbeit, Bachelor- und Masterarbeit

- Ihr eigenes eBook und Buch - weltweit in allen wichtigen Shops

- Verdienen Sie an jedem Verkauf

Jetzt bei www.GRIN.com hochladen und kostenlos publizieren

Bibliografische Information der Deutschen Nationalbibliothek:

Die Deutsche Bibliothek verzeichnet diese Publikation in der Deutschen Nationalbibliografie; detaillierte bibliografische Daten sind im Internet über http://dnb.d-nb.de/ abrufbar.

Dieses Werk sowie alle darin enthaltenen einzelnen Beiträge und Abbildungen sind urheberrechtlich geschützt. Jede Verwertung, die nicht ausdrücklich vom Urheberrechtsschutz zugelassen ist, bedarf der vorherigen Zustimmung des Verlages. Das gilt insbesondere für Vervielfältigungen, Bearbeitungen, Übersetzungen, Mikroverfilmungen, Auswertungen durch Datenbanken und für die Einspeicherung und Verarbeitung in elektronische Systeme. Alle Rechte, auch die des auszugsweisen Nachdrucks, der fotomechanischen Wiedergabe (einschließlich Mikrokopie) sowie der Auswertung durch Datenbanken oder ähnliche Einrichtungen, vorbehalten.

Impressum:

Copyright © 2014 GRIN Verlag, Open Publishing GmbH
Druck und Bindung: Books on Demand GmbH, Norderstedt Germany
ISBN: 9783668407237

Dieses Buch bei GRIN:

http://www.grin.com/de/e-book/345199/das-buch-bedeutung-als-ressource-und-einfluss-aus-das-leben-der-menschen

Johanna Maria Würtz

Das Buch. Bedeutung als Ressource und Einfluss aus das Leben der Menschen

GRIN Verlag

GRIN - Your knowledge has value

Der GRIN Verlag publiziert seit 1998 wissenschaftliche Arbeiten von Studenten, Hochschullehrern und anderen Akademikern als eBook und gedrucktes Buch. Die Verlagswebsite www.grin.com ist die ideale Plattform zur Veröffentlichung von Hausarbeiten, Abschlussarbeiten, wissenschaftlichen Aufsätzen, Dissertationen und Fachbüchern.

Besuchen Sie uns im Internet:

http://www.grin.com/

http://www.facebook.com/grincom

http://www.twitter.com/grin_com

Inhaltsverzeichnis

1. Einleitung 2
2. Textanalyse „Bücher haben keine Zukunft!" 3
   2.1 Inhaltsangabe 3
   2.2 Gliederung 3
   2.3 Auffälligkeiten 4
3. Print bleibt in Deutschland dominant 5
   3.1 Grafikanalyse 5
   3.2 Resümee 8
4. Zusammenfassung 9
5. Quellen 10
   5.1 Literaturverzeichnis 10
   5.2 Bildquellen 10

1. Einleitung

In meiner Facharbeit werde ich mich mit der Bedeutung des Buches allgemein und als Ressource beschäftigen. Dabei untersuche ich auch den Einfluss des Buches auf das Leben der Menschen in anderen Teilen der Erde. Ich hoffe, bei der Arbeit meine Techniken zur Quellenarbeit zu verbessern, um in der elften Klasse bei der Arbeit an einem selbstgewählten Thema gute Voraussetzungen zu haben.

Der Begriff „Ressource" meint nach allgemeinem Verständnis alle Mittel, die in die Produktion von Gütern und Dienstleistungen einfließen. Entlehnt aus dem Französischen bedeutet er soviel wie „Hilfsmittel", „Reserve" und „Geldmittel".

Der Begriff ist sehr umfassend und nicht immer präzise. So spricht man etwa von materiellen Ressourcen und meint damit allgemein Geld und Sachwerte. Natürliche Ressourcen wie Rohstoffe und Energieträger, die einem Land zur Verfügung stehen sind oft erschöpfbar, also nicht regenerierbar. Unter personelle Ressourcen fallen zum Beispiel Fähigkeiten, Kompetenzen und Kräfte.

Wir müssen nicht nur die natürlichen Ressourcen zum Schutz der Umwelt erhalten beziehungsweise schonen, auch Zeit, der Mensch sowie unser Planet an sich können als Ressource begriffen und sollten nicht verschwendet werden. Unsere Zeit ist kostbar und kurz, doch wir sollten versuchen, in unserem Leben den größtmöglichen Beitrag zur Erhaltung der Ressourcen für spätere Generationen zu liefern. Die Voraussetzung für das richtige Handeln ist das Wissen über mögliche Folgen sowie eine langfristige Planung. Und das gilt für alle Erdteile und jeden Menschen.

Auch Bücher sind Ressourcen. Für die Papierherstellung wird Holz benötigt, „doch mit dem wachsenden Bewusstsein um die Schäden, die die Papierherstellung der Umwelt zufügt, wuchs auch die Bereitschaft der Industrie, neue Verfahren zu entwickeln, um dem entgegenzuwirken. Durch den Einsatz innovativer Techniken und die gesteigerte Verwendung von Altpapier in der Papierherstellung, setzt die Papierindustrie neue Maßstäbe in Punkto Nachhaltigkeit und Umweltschutz."[1] Letztendlich bringen Bücher immer Bildung und geben uns ein neues Bewusstsein. So tragen sie nachhaltig zum Schutz der anderen Ressourcen bei.

---

[1] http://www.raab-verlag.de/blog-news/papierherstellung-und-umweltschutz-passt-das-zusammen 09.05.2015, 17:35 Uhr

2. Textanalyse „Bücher haben keine Zukunft!"[2]

2.1 Inhaltsangabe

Almuth und Alexander formulieren in „Bücher haben keine Zukunft!" ihre Meinung zum Aufschwung des E-Books. Sie beschreiben die Entwichkung des Printmediums über Taschenbücher bis hin zum digitalen Buch, sind sich aber nicht einig, was die Zukunft des gedruckten Buches angeht. Sowohl Vor- als auch Nachteile des Buches im Vergleich zum E-Book werden genau beleuchtet. So beinhaltet das E-Book beispielsweise eine Vielzahl von Möglichkeiten neben dem reinen Lesen des „Buches", was sich allerdings negativ auf die Konzentration auf den Text auswirken kann, wenn man sich zum Beispiel zwischendurch kurz durch ein Spiel oder eine Chat-Nachricht ablenken lässt. Sicher sind sich beide Autoren nur, dass das Lesen weiterhin ein wichtiger Bestandteil unseres Lebens sein wird, in welcher Form auch immer.

2.2 Gliederung

Der Text gliedert sich in die „Pro E-Book" Argumentation von Almuth (Z.1-30) und Alexanders contra Argumente zu diesem Thema (Z.31-60).

Almuth beginnt dabei mit ihrer allgemeinen Einstellung zu Büchern und beschreibt danach den Weg zum E-Book. Ab Zeile 11 geht sie dann genauer auf die Vorteile dieser digitalen Form des Buches ein. Im Folgenden beleuchtet sie kurz die gegenwärtige Situation und die „neue Art des Lesens" (Z.17-23). Zum Schluss wird nochmals auf den praktischen Wert des E-Books hingewiesen.

Zu Anfang der Gegenargumentation steht Alexanders Hinweis auf die Tradition des Buches sowie auf die Vorteile des Printmediums (Z.31-40). Er schildert seine Gedanken zum Thema Leseerlebnis (Z.41-45), geht auf die Gefahr der Vielseitigkeit des E-Books ein und vergleicht schließlich noch beide Medien in Sachen Glaubhaftigkeit (Z.53-56). Zum Schluss stellt er das Buch als „eine andere Welt" dar.

---

[2] Textquelle: http://www.schekker.de/content/b%C3%BCcher-haben-keine-zukunft; 16.11.2014, 15 Uhr

2.3 Auffälligkeiten

Der Text umfasst zwei eigenständige Abschnitte, einen für und einen gegen das E-Book. Für die Übersichtlichkeit wurden beide Teiltexte in sinngemäße Abschnitte gegliedert. Die beiden Autoren schildern in dem Kommentar ihre jeweilige Meinung sachlich und modern. Der Text ist im Nominalstil geschriben und weist einige rhetorische Mittel auf, wie die Hyperbel (Roman, der „einen fast in die Knie zwingt" Z.28f, „unbegrenzte Möglichkeiten" Z.50f), Synästhesie (Rascheln der Seiten – hören, Geruch – riechen, Anmerkungen – sehen Z.24f), Aufzählung (Z.44), die Metapher („bis zu unseren Großeltern durchgesickert: Das digitale Buch setzt sich durch." Z.34) und eine Aneinanderreihung von Gegensatzpaaren („Lüge und Wahrheit, Subjektivität und Sachlichkeit" Z.54f). Auch einige bekannte Fremdwörter sind vertreten, zum Beispiel „pragmatisch" (Z.36), „selektiv"(Z.50) und „Essenzielles" (Z.50).

Meiner Meinung nach ist der Text sehr ansprechend und interessant geschrieben. Auch wenn der Informationsgehalt nicht sonderlich hoch ist, finde ich es spannend, wie andere über die Zukunft des gedruckten Buches denken.

3. Print bleibt in Deutschland dominant

3.1 Grafikanalyse

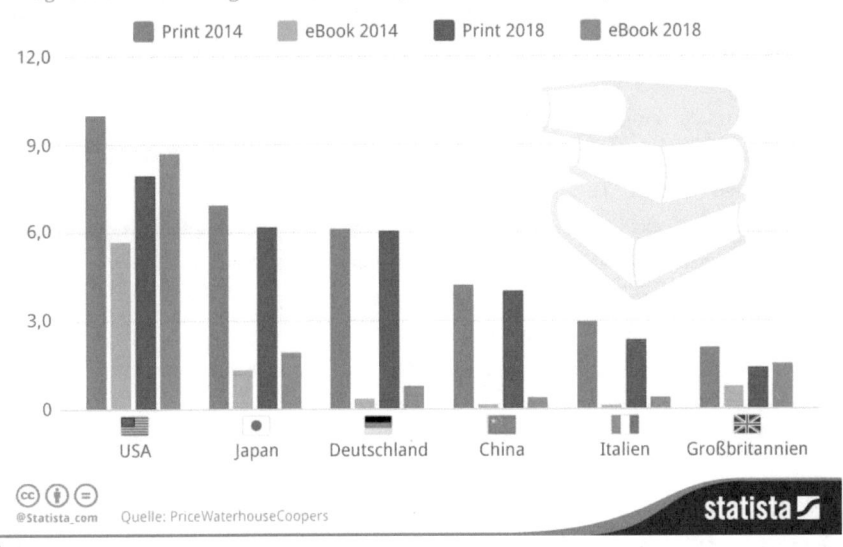

[3]

Im Folgenden möchte ich, mithilfe des Säulendiagramms zur Prognose des Buchmarktes von PriceWaterhouseCoopers, feststellen, welche Zukunft das gedruckte Buch im Vergleich zum E-Book in verschiedenen Ländern der Erde hat. Die Grafik trägt den Titel „Print bleibt in Deutschland dominant" und stellt die erwartete Etwicklung in den USA, Japan, Deutschland, China, Italien und Großbritanien zwischen 2014 und 2018 dar.

Wie schon der Titel annehmen lässt, wird sich das Buch als Printmedium in Deutschland voraussichtlich gleichbleibender Beliebtheit erfreuen: Etwa sechs Milliarden US-Dollar geben die Bundesbürger weiterhin jährlich dafür aus, auch wenn die Nachfrage nach der elektronischen Alternative zunimmt. Ähnliche Entwicklungen werden auch in China, Japan und Italien erwartet, wobei in den beiden letztgenannten Ländern vermutlich ein deutlicher Rückgang des Verkaufserlöses der gedruckten Bücher um etwa eine Milliarden US-Dollar mit dem Aufschwung des E-Books einher gehen wird. Die Prognose für die englischsprachigen Länder ist dagegen, dass der Anteil der verkauften E-Books im Jahr

---

[3] Bildquelle:
http://de.statista.com/infografik/b%C3%BCcher%20buch%20buchhandel%20buch-markt%20buchverlage/ Stand: 17.11.2014, 19:20 Uhr

2018 bereits größer sein wird als der des Printmediums. Dem Diagramm zufolge wird beispielsweise in den USA ein Rückgang von zwei Milliarden US-Dollar bei den gedruckten und ein Aufschwung von drei Milliarden US-Dollar bei den elektronischen Büchern zu verzeichnen sein.

Erst unter Einbeziehung der Bevölkerungszahl der jeweiligen Länder wird die Grafik wirklich aussagekräftig. Man erhällt je Einwohner durchschnittliche Ausgaben von 51 US-$ auf dem Buchmarkt. Als Extreme fallen dabei Deutschland mit Ausgaben von rund 78,86 $, Japan mit 66,69 $ und China mit nur 3,42 $ pro Person auf, und das, obwohl alle ostasiatischen Länder berühmt sind für ihr strenges Bildungssystem. „"Wenn man einmal von gelegentlichen Schwankungen absieht, dann haben die Chinesen im Lauf der letzten Jahre kontinuierlich mehr gelesen", sagte Xu Shengguo, ein Forscher an der CAPP. Xu schreibt diese Entwicklung dem wachsenden Bewusstsein bezüglich der eigenen Weiterentwicklung durch das Lesen sowie der – aufgrund der wirtschaftlichen und sozialen Entwicklung in die Höhe schießenden – Nachfrage nach Kulturgütern zu.

Diese Ansicht Xus wird unterstützt durch die Antworten der Befragten, von denen 70,5 Prozent der Meinung sind, dass lesen entweder "relativ" oder sogar "sehr" wichtig für ihre persönliche Weiterentwicklung und Lebensumstände sei. Mehr als die Hälfte der Befragten denkt, dass sie zu wenig lese – als Gründe werden lange Arbeitszeiten, schlechte Lesegewohnheiten sowie eine Abneigung gegen das Lesen genannt."[4]

Einen Hinweis auf die Bedeutung des Lesens im weltweiten Vergleich geben die nebenstehenden Weltkarten zu Ernährung, Bildung und Gesundheit aus den Diercke Weltatlanten von 1996 und 2008.

Die Analphabetenrate ist hier in Prozentangaben von unter 10% bis über 60% gestaffelt.

Man erkennt deutlich die Zusammenhänge zwischen Bildung und der sonstigen Versorgungslage.

Die Industriestaaten besitzen alle eine sehr geringe Anzahl an Analphabeten, die Schwellenländer liegen 2006 größtenteils ebenfalls schon unter 20%. Auch in der dritten Welt ist die Rate in vielen Ländern gesunken, doch es gibt hauptsächlich in Zentralafrika noch immer Länder mit über 60% Analphabeten.

---

[4] http://german.china.org.cn/china/2014-04/23/content_32184942.htm 8.3.2015, 15:47 Uhr

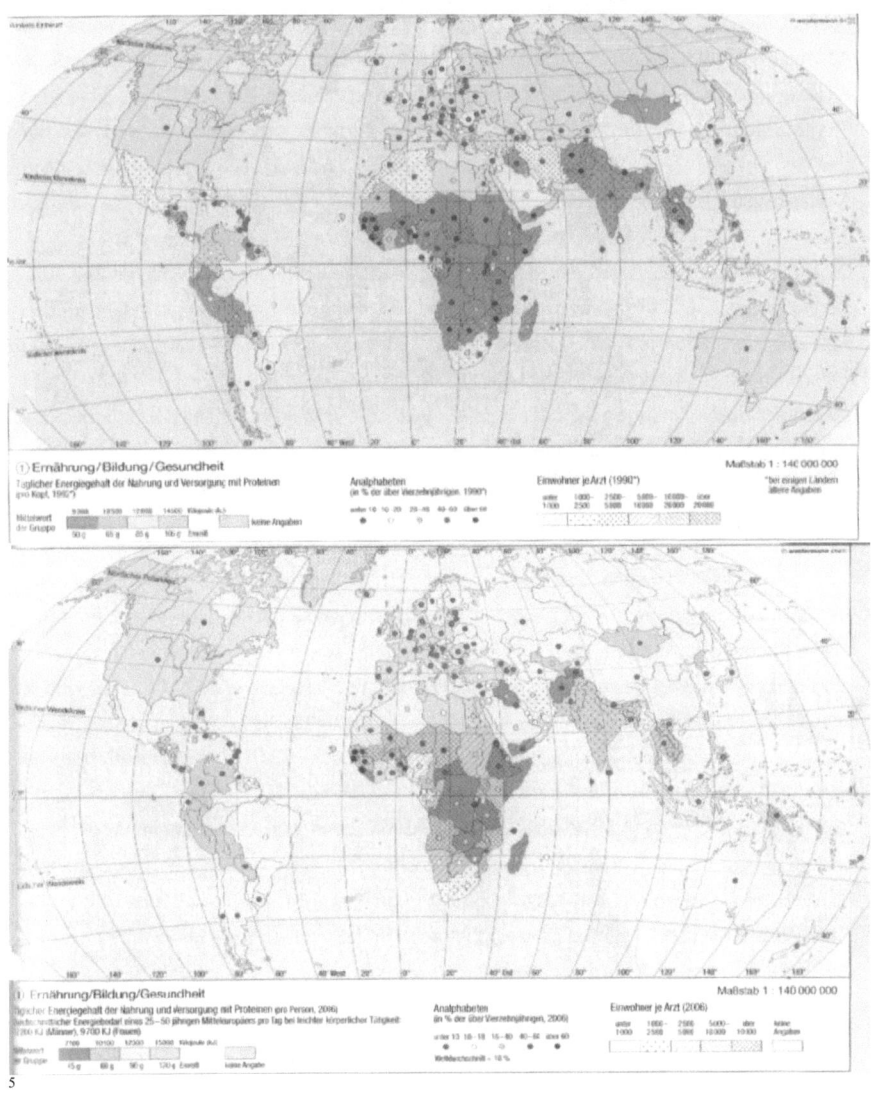

Mit einer Verbesserung um mindestens 40% haben Namibia und Botsuana den größten Aufschwung des Bildungssystems erlebt. In Namibia wurde bereits der kostenlose Grundschulbesuch landesweit durchgesetzt, die Sekundarschule soll folgen. „Jährlich werden erhebliche Mittel für Bildungsausgaben zur Verfügung gestellt (2014: rund 22

---

[5] Bildquelle: •Diercke Weltatlas. Braunschweig, Westermann Schulbuchverlag, 4. Aufl. 1996 und Diercke Weltatlas. Braunschweig, Westermann Schroedel Diesterweg Schöning Winklers Gmbh, 1. Aufl. 2008

Prozent des Staatshaushaltes)."[6] Bei einigen politisch instabilen Ländern, wie Ghana und Äthiopien ist die Zahl der Analphabeten allerdings seit 1990 gestiegen. Die Extreme im Anstieg der Analphabetenrate waren in Belize (Mittelamerika) und in Usbekistan (Zentralasien) mit bis zu 30% zu beobachten, bei letzterem möglicherweise in Folge der Unruhen im Mai 2005, die vermutlich durch soziale und politische Ursachen wie hohe Arbeitslosigkeit, Wohnungsnot, Armut und politische Unterdrückung ausgelöst worden waren.

Da insgesamt aber der Anteil der Menschen, die lesen können, steigt, wird mit der Zeit auch die Nachfrage nach Lesestoff wachsen. In den Schwellen- und Entwicklungsländern werden sich die allerwenigsten ein E-Book leisten können, auch wenn sich die gesamte Versorgungslage stetig verbessern sollte. Ein Aussterben des Print ist schon deshalb sehr unwahrscheinlich. In diesen Ländern kann ein Buch zur Verbesserung des Lebensstandards beitragen, denn Bildung bringt neue Möglichkeiten und ein besseres Leben.

3.2 Resümee

Ein besseres Leben können Bücher uns meiner Meinung nach auch in der Industriegesellschaft geben, indem sie uns für ein paar Minuten oder Stunden aus der Realität reißen und uns in eine andere Welt voller Geheimnisse entführen. Ob das mit E-Books ebenfalls funktioniert, kann ich nicht beurteilen, weil ich es noch nicht versucht habe, obwohl mein Vater irgendwann mal eines angeschafft hat. Ich stelle mir das für den Urlaub ja schon sehr praktisch vor, da es natürlich viel Platz sparender und leichter ist als ein Stapel Papier-Bücher, aber die Gefahr, dass es geklaut wird oder einfach nur herunter fällt und kaputt geht, ist es dann wirklich nicht wert. Außerdem sind wir im Urlaub sowieso die meiste Zeit unterwegs und dann bleibt zum Lesen nicht mehr viel Zeit. Zu Hause würde ich mich definitiv immer für ein gedrucktes Buch entscheiden, das liegt besser in der Hand und lenkt nicht ab. Weil zunehmend mit Recyclingpapier gearbeitet wird, stellt das Buch keine große Gefahr mehr für den Regenwald dar und ist auch im Hinblick auf den Stromverbrauch und die CO2-Emissionen bei der Herstellung viel klimafreundlicher als das E-Book.

---

[6] http://auswaertiges-amt.de/DE/Aussenpolitik/Laender/Laenderinfos/Namibia/Kultur-UndBildungspolitik_node.html 10.05.2015, 14:15 Uhr

4. Zusammenfassung

Ich selber bin für die Bewahrung des Buches, da die Abschaffung nach einer jahrhundertelangen Tradition des Buchdrucks ein großer Kulturverlust wäre. Gutenberg eröffnete damals eine neue Epoche der Bildung und Forschung. Die allgemeine Schulpflicht wurde eingeführt und trieb die Alphabetisierung voran. Bücher waren plötzlich für einen Großteil der Gesellschaft erschwinglich, da nun hunderte Exemplare auf einmal gedruckt werden konnten, statt alles aufwändig und zeitintensiv in den Klöstern nieder zu schreiben und auch erste Zeitungen wurden herausgegeben. Die Menschen erfuhren über ihre Rechte und wollten sich nicht mehr vom Adel herumschubsen lassen. Damit war die Aufhebung der Ständegesellschaft schon fast besiegelt.

Heute kann in Deutschland jeder seine persönliche Meinung zu Papier bringen und publizieren und so auch für die Nachwelt erhalten. Und andersherum eröffnen uns Bücher das Wissen und die Erfahrungen unserer Vorfahren.

Mit dem Lesen eines richtigen Buches kann man für Momente aus unserer hecktischen, technisierten Welt entfliehen, fast wie durch Meditation. Die Nachteile des gedruckten Buches in unserer globalisierten Welt kann das E-Book auslöschen. Im Urlaub, auf der Fahrt, im Beruf, überall hat man Zugriff auf das gesamte Bücherregal und trägt doch nur ein kleines, leichtes Gerät mit sich herum. Doch was, wenn der Akku kaputt oder einfach keine Steckdose zu finden ist? Doch das Wichtigste der Literatur ist der Inhalt: Die Botschaft ist die Gleiche, egal wie sie verpackt ist. Die Hülle ist Geschmackssache und hat in jeder Form ihre Schwachstellen.

In den letzten Jahrzehnten ist die Begrenztheit der natürlichen Ressourcen, die beispielsweise zur Herstellung von Papier-Büchern wie auch zur Herstellung und zum Betrieb von E-Books notwendig sind, immer deutlicher geworden.

Unser Ziel sollte es nun sein, den Ländern mit großer Analphabetenrate zu helfen, einen ähnlichen Aufschwung des Bildungswesens und ebenfalls eine „Epoche der Aufklärung" zu erleben, damit diese Tatsache der gesamten Weltbevölkerung bewusst wird. Nur so können wir gemeinsam für die Zukunft unseres Planeten kämpfen.

5. Quellen

5.1 Literaturverzeichnis

- http://www.schekker.de/content/b%C3%BCcher-haben-keine-zukunft
  16.11.2014, 15 Uhr
- http://www.welt-in-zahlen.de/laenderinformation.phtml
  8.3.2015, 15:35 Uhr
- http://www.wirtschaftslexikon24.com/d/ressourcen/ressourcen.htm 09.05.2015, 17:09 Uhr
- http://www.sign-lang.uni-hamburg.de/projekte/slex/seitendvd/konzepte/l53/l5354.htm 09.05.2015, 17:18 Uhr
- http://auswaertiges-amt.de/DE/Aussenpolitik/Laender/Laenderinfos/Namibia/Kultur-UndBildungspolitik_node.html 10.05.2015, 14:15 Uhr
- Diercke Weltatlas. Braunschweig, Westermann Schulbuchverlag, 4. Aufl. 1996
- Diercke Weltatlas. Braunschweig, Westermann Schroedel Diesterweg Schöning Winklers Gmbh, 1. Aufl. 2008
- http://www.literatur-wissen.net/bedeutung-lesen.html 08.06.2015, 19:30Uhr

5.2 Bildquellen

- http://de.statista.com/infografik/b%C3%BCcher%20buch%20buchhandel%20buchmarkt%20buchverlage/
  17.11.2014, 19:20 Uhr
- http://www.todanoticia.com/41902/libros-sin-iva-alientan-lectura/
  07.03.2015, 13:52 Uhr
- http://de.flash-screen.com/free-wallpaper/uploads/201004/imgs/1271754503.jpg
  05.06.2015, 15:48 Uhr
- http://www.raab-verlag.de/blog-news/papierherstellung-und-umweltschutz-passt-das-zusammen 05.06.2015, 16:06 Uhr
- http://www.topnews.in/amazon-might-launch-new-digital-book-library-2341805
  04.04.2015, 21:08 Uhr

BEI GRIN MACHT SICH IHR WISSEN BEZAHLT

- Wir veröffentlichen Ihre Hausarbeit, Bachelor- und Masterarbeit

- Ihr eigenes eBook und Buch - weltweit in allen wichtigen Shops

- Verdienen Sie an jedem Verkauf

Jetzt bei www.GRIN.com hochladen und kostenlos publizieren